H. DESTAINVILLE

LES POILUS DE LA PREMIÈRE RÉPUBLIQUE

Dans le district d'Ervy

GRANDE IMPRIMERIE DE TROYES
126, Rue Thiers, 126

1921

H. DESTAINVILLE

LES POILUS DE LA PREMIÈRE RÉPUBLIQUE

Dans le district d'Ervy

GRANDE IMPRIMERIE DE TROYES
126, Rue Thiers, 126

1921

Extrait de l'*Almanach du Petit Troyen*
Année 1921

LES POILUS DE LA PREMIÈRE RÉPUBLIQUE

dans le district d'Ervy

> Le public oublie vite les gloires nationales... Celui qui, en 1792, en une heure tragique, comparable à celle que nous avons vécue en 1914, exprima l'âme entière de la patrie, en lançant le cri de vengeance et d'indignation de tout un peuple, attend encore le tribut de reconnaissance nationale auquel il a droit.
>
> « *Le Matin* », 16 août 1920 :
> *Rouget de l'Isle à la porte du Panthéon.*

La liste des poilus de la première République que nous publions ci-dessous est incomplète. Nous le déclarons sans tarder et demandons pour son auteur le bénéfice des circonstances atténuantes.

La série L des Archives départementales fournit une matière abondante à nos investigations, limitées au seul district d'Ervy ; mais, si favorable que fût le champ de nos recherches, il n'en présenta pas moins des difficultés inextricables et des lacunes impossibles à combler.

Nous trouvâmes d'abord les certificats de décès exigés pour pensionner la veuve, les ascendants et descendants des soldats morts aux armées ; des rapports de police, des extraits d'actes mortuaires délivrés par les officiers municipaux ou par les aumôniers des villes et des hôpitaux où les décès se produisirent : tous actes probants et d'une autorité incontestable. Malheureusement, l'orthographe des noms de personnes et de villes est tellement déconcertante, les erreurs géographiques si nombreuses et si grossières — on lit, par exemple : X., décédé à Caen, Carcassonne, Montauban, Bordeaux..., *district d'Ervy (Aube)* — qu'il a été impossible de faire état de documents aussi suspects et de bien d'autres encore, où nous cherchâmes vainement la certitude indispensable à l'équilibre de notre travail.

D'un autre côté, toutes les communes du district d'Ervy ne

sont pas représentées dans la série L (1) ; nous n'avons trouvé aucun décès concernant Assenay, Chaserey, les Maupas, Prunay, Roncenay, Souligny, Villeneuve-au-Chemin, Villery, Villy-le-Bois et Villy-le-Maréchal. Quoique peu importants, ces villages fournirent certainement quelques défenseurs à la nation, et il est douteux que la mort les ait tous épargnés. Ailleurs, la comparaison des localités et du nombre de leurs décès crée une anomalie qu'expliquent l'imprécision et les lacunes des documents en question.

On ne peut oublier, enfin, qu'à cette époque, il fallut improviser dans une hâte fiévreuse une administration que des ordres impératifs entravèrent forcément. C'est ainsi que le 6e *Bataillon de l'Aube*, pressé d'obéir à l'injonction formelle « d'aller combattre les rebelles de la Vendée », partit sans laisser le contrôle de trois compagnies sur six qui le composaient.

La mise au point du « *Livre d'or des Poilus de la Première République* » est donc impossible, car le temps a également ajouté sa contribution aux difficultés que nous avons signalées.

Nous n'hésitons pas, néanmoins, à publier, en raison de son importance, la liste de ceux que nous avons pu identifier et dont nous avons recueilli les noms, comme des glanes glorieuses, dans les précieux papiers où nous avons dirigé nos investigations.

Cette liste s'étend de 1792 à 1799. Sauf indication contraire, les soldats qui la composent sont des fusiliers de l'armée du Rhin, de la Meuse, de la Moselle et de Sambre-et-Meuse ; leur décès eut lieu dans un hôpital des villes indiquées.

AIX-EN-OTHE

BRULÉ Jean, grenadier, décédé le 26 juillet 1794, à Ruremonde (Hollande).

CLÉMENDOT Pierre, volontaire, décédé le 15 septembre 1893, à Landau (Palatinat).

GUILLEMOT François, volontaire, décédé le 18 août 1793, à Landau (Palatinat).

LUTIN J.-B., à l'armée de la Vendée, mort sur le champ de bataille, 1793.

AUXON

BERTHIER Eustache (de Vert), décédé le 10 janvier 1795, à Bruxelles.

BIÉTRIX Jean, sergent-major, armée d'Italie, décédé le 26 novembre 1796, à Brescia.

---

(1) Comparé aux autres districts de l'Aube, celui d'Ervy paraît être, néanmoins, le plus riche en documents de ce genre.

Colombé Nicolas, décédé le 10 avril 1795, à Metz.
Conversant Philippe, décédé le 27 janvier 1795, à Hervé (Belgique)
Cuisin Pierre, volontaire, décédé le 11 janvier 1795, à Cologne.
Flargot Jean, décédé le 17 mai 1794, à Besançon.
Fourmelon, canonnier, décédé le 21 octobre 1796, à Saint-Eustache (Paris).
Maugard J.-B., décédé le 7 février 1794, à Franciade (1).
Méridroit Louis, volontaire, décédé le 11 septembre 1793, à Lille.

AVREUIL

Moreau Nicolas, décédé le 5 avril 1794, à Montdidier.

BERCENAY-EN-OTHE

Martinet François, armée d'Italie, décédé le 22 août 1797, à Peschiera.
Mause François, armée d'Italie, décédé le 4 août 1797, à Bozolo.

BERNON

Agnès Hubert, armée d'Italie, décédé le 7 novembre 1798, à Milan.
Brouin Etienne, décédé le 7 mai 1795, à Landetourt (Meurthe).
Colin J.-B., caporal, décédé le 25 octobre 1796, à Huningue (Haut-Rhin).

BÉRULLES

Borgne Joseph, tenu pour mort le 12 novembre 1794.
Chadrier Jean, hussard, décédé le 15 avril 1794.
Coutrion Claude, décédé le 31 mars 1794, à Metz.
Duchat Pierre, tenu pour mort le 12 novembre 1794.
Fandard Edme, décédé le 29 mars 1794, à Montdidier.
Hourseau François, tenu pour mort le 12 novembre 1794.
Laloi Etienne, décédé le 16 mars 1795, à Villevorde (Belgique).

BOUILLY

Boucherat Jacques, volontaire, décédé le 14 avril 1794.
Chadrin Jean, hussard à la Vendée, décédé le 15 avril 1794, à Troyes.
Chame Nicolas, décédé le 28 septembre 1795, à Chartres.
Chutry André, décédé le 31 août 1794, à Besançon.
Chutry J.-B., décédé le 24 juillet 1794, à Rethel.
Fejnot Edme, décédé le 7 mars 1794.
Félard Pierre, volontaire, décédé le 2 avril 1794, à Laon.
Filliadre Nicolas, décédé le 1er septembre 1794, à Porrentruy (Suisse).

---

(1) Dénomination révolutionnaire de Saint-Denis (Seine).

Forgereau Pierre, décédé le 12 septembre 1794, à Bruxelles.
Hourseau Michel, décédé le 12 septembre 1792.
Longuère Henry, volontaire, décédé le 11 septembre 1796, à Cologne.
Longuet Henri, décédé le 25 mars 1795, à Bruxelles.
Nieps Nicolas, volontaire, décédé le 22 août 1793, à l'hôpit. amb. de Boulay (Lorraine).
Patrois Edme, mort le 20 mai 1793, des suites de blessures reçues au combat de Valenciennes.

BUCEY-EN-OTHE

Marchet Nicolas, décédé le 29 décembre 1795, à Libreville (1).

CHAMOY

Benoit Edme, décédé le 30 avril 1794, à Faverney (Hte-Saône).
Bigot Edme (de Forêt-Chenu), décédé le 12 novembre 1793, à St-Jean-le-Blanc (Loiret).
Bigot Georges, décédé le 8 mars 1793.
Chonez Louis, volontaire, décédé le 6 décembre 1793, à Lille.
Cousin François, décédé le 19 janvier 1794, à Metz.
Diard Antoine, décédé le 30 juillet 1793.
Flogny J.-B., décédé le 2 janvier 1794, à Versailles.
Jardinier Jean, cavalier, décédé le 8 avril 1795, à Avesne.
Jorry Claude, armée d'Italie, décédé le 4 avril 1799, à Capoue (affaire de Castelfort).
Jorry Claude-Clément, volontaire, décédé le 11 avril 1794.
Jorry Jean-Paul, mort sur le champ de bataille.
Pitancier Claude, volontaire, décédé le 25 janvier 1794.
Pitancier J.-B., décédé le 13 mai 1794.

CHAOURCE

Briand Charles, caporal, mort de ses blessures le 19 novembre 1795 à Haguenau (Bas-Rhin).
Brunet Nicolas, décédé le 14 janvier 1795, aux Sables (Vendée).
Cartiale Lazare, appointé, 2e bataillon de tirailleurs, mort de ses blessures le 8 octobre 1795, à Machecoul (Loire-Inf.).
Chatriat Claude, mort de ses blessures le 27 octobre 1795, à Schlestadt (Alsace).
Chatriat Jean, décédé le 9 janvier 1793, à Courtrai (Belgique).
Chatriat Pierre, décédé le 29 décembre 1794, à Avesne (Nord).
Couche Antoine, volontaire, décédé le 30 mars 1794, à Malines (Belgique).
Hériot Edme, décédé le 25 mai 1794, à Saint-Mihiel.

---

(1) Dénomination révolutionnaire de Charleville (Ardennes).

JEOFFROY Pierre, décédé le 4 avril 1794, à Besançon.
JIBÉE Edme, décédé le 26 janvier 1794, à Aix-la-Chapelle.
JOUGLAS Pierre, décédé le 8 juin 1794.
NODIN Claude, décédé le 5 mai 1794, à Troyes.
NODIN Etienne, décédé le 4 mai 1794, à Reims.
NODIN Nicolas, décédé le 8 août 1794, à Sedan.
NOSLEY Charles, décédé le 1er juin, à Châlons-sur-Marne.
PASNON Louis, décédé le 17 mars 1792, à Châlons-sur-Marne.
PRUNIER Edme, décédé le 19 octobre 1794.

CHENNEGY

BAQUET Nicolas, canonnier, décédé le 8 juin (?), à Pont-à-Mousson.
FLEURIOT Nicolas, décédé le 4 juin 1795, à Meaux.
FRANÇOIS Albert, décédé le 21 mars 1795, à Bergzabern (Bavière).
HABERT Jean, décédé le 3 novembre 1794.
JEANNE Joseph, volontaire, mort de ses blessures le 9 septembre 1793, à Pont-à-Mousson.
MICHEL Joseph, décédé le 31 janvier 1795.

CHESLEY

BUGNOT Nicolas, décédé le 8 octobre 1796.
CHUCHU Silvestre, sergent, décédé le 25 octobre 1796, à Dunkerque.
HENFERT Henri, décédé le 28 janvier 1795, à Givet.
LACROIX Eloi, décédé le 26 juillet 1799, à Mayence.
MILLETEAU Blaise, décédé le 28 avril 1794, à Péronne.
MOREAU Pierre, volontaire, décédé le 2 janvier 1795, à Valenciennes.

CHESSY

BERLOT Edme, infirmier, décédé le 30 septembre 1795, à Saint-Cyr.
BOSCH Pierre, volontaire, décédé le 21 février 1795, à Bruxelles.
BRANCHE Vincent, décédé le 12 février 1794, à Strasbourg.
CHUCHU Simon, décédé le 26 juin 1795, à Coblentz.
ENOT Edme, décédé le 30 avril 1795.
GIBIER J.-B., décédé le 25 septembre 1793.
MARCHAND Joseph, volontaire, décédé le 30 septembre 1794, à Rueil (Seine-et-Oise).
MATHIEU Edme, décédé le 20 novembre 1794, à Avesne.
PARISOT Edme, mort de ses blessures le 5 octobre 1794.
PRÉVOST Edme, décédé le 8 septembre 1794.

COURSAN

BERLOT Pierre, décédé le 26 juillet 1794, à Ourscamp (Oise).
GRAGERY Pierre, décédé le 28 octobre 1797, à Nantes.

COURTAOULT

ARNOT Jean, décédé le 14 juin 1794.
GUILLOT François, décédé le 8 juin 1793.

COUSSEGREY

BARAT Ambroise, décédé le 18 février 1794.
BARRAL François, infirmier de l'hôpital de Brisbach (district de Colmar), où il est décédé le 18 février 1794.
FAVIER David, décédé le 19 avril 1795, à Bruxelles.
LEUILLET, décédé le 15 juin 1794.
PHILIPON Philibert, décédé le 4 décembre 1792.

CRÉSANTIGNES

BAZIN J.-B., décédé le 20 février 1793, à Lille.
LAURENT Edme, tué le 17 janvier 1793. Un nota précise : Laurent a été atteint d'un coup de balle à la tête et la blessure l'a conduit à la mort en servant la Patrie en brave républicain.
MUNÉRAL Claude, décédé le 27 mars 1794, à Pont-à-Mousson.
TOUSSAINT Benoît, décédé le 3 janvier 1793, à Maestricht (Hollande).

LES CROUTES

CHABOUILLAT Pierre, décédé le 9 avril 1795, à Liège.
JUDIN Jean, décédé le 27 février 1795, à Liège.

CUSSANGY

BOUCHEUX, décédé le 27 décembre 1794, à Lauterbourg (B.-Rhin).
CHEURLET François, décédé le 3 septembre 1794, à Vallibre (1).
ENFER Nicolas, volontaire, décédé le 23 novembre 1795.
HUGOT Joseph, décédé le 4 avril 1795, à Cologne.
NOYER Edme, décédé le 11 juin 1794.

DAVREY

BOSSUAT Jean, décédé le 14 mars 1794, à Ham (Somme).
DUPIN Edme, mort sur le champ de bataille, le 29 mai 1794.
HUGOT Jacques (de la Vacherie), décédé le 28 janvier 1795, à Liège.
MAUGARD Nicolas, décédé le 18 juin 1794.

ERVY-LE-CHATEL

BAUCHELIN Etienne, décédé le 16 avril 1794.
BERTHIER Nicolas, charpentier au parc de construction, décédé le 2 octobre 1794, à Roselgen (2).

---

(1) Saint-Cyr et Val-Saint-Germain (Seine-et-Oise), ont pris cette même dénomination au temps de la Révolution.
(2) Dénomination révolutionnaire de Saint-Avold (Moselle).

Bonnet Nicolas, décédé le 20 mars 1795, à Richemonde (Moselle).
Boucherat Louis, décédé le 3 janvier 1795, à Reims.
Branche Louis, décédé le 5 octobre 1793.
Cancris Louis, décédé le 18 janvier 1795, à Liège.
Colon Charles, volontaire, décédé le 12 mai 1793.
Celape Charles, décédé le 3 juin 1793.
Enfumé Edme, décédé le 3 décembre 1794, à Namur.
Hervié Pierre, décédé le 5 avril 1794, à Clermont (Oise).
Hodaux, décédé le 23 janvier 1795, à Louvain.
Hugot Jacques, décédé le 15 mai 1794.
Jacquin Charles, volontaire, décédé le 23 décembre 1795.
Joseph Jean, décédé le 18 novembre 1794, à Namur.
Laplanche Nicolas, Martin, Piroelle et Renvoyé, sans autre indication.

ETOURVY

Bernard J.-B., décédé le 27 juin 1794.
Larbouilla Louis, charretier dans les charrois de l'artillerie, décédé le 3 avril 1795, à Verdun.

FAYS

Hugot Louis, volontaire, décédé le 25 février 1797, à La Rochelle.

LES GRANGES

Bahor, décédé le 29 avril 1793.
Maugard Louis, décédé le 17 mai 1794, à Reims.
Royer Jean, volontaire, décédé le 28 octobre 1792, à Nantes.
Sauvageot Pierre, décédé le 28 octobre 1794.

JAVERNANT

Gouselot Joseph, décédé le 2 juillet 1794, à Strasbourg.

JEUGNY

Causart Jean, décédé le 8 juillet 1794, à Laon.
Chalier François, décédé le 7 juillet 1795, à Louvain (Belgique).
Fuget Nicolas, décédé le 7 février 1794, à Longwy.
Lenfumé Charles, décédé le 13 mars 1795, à Liège.

LAGESSE

Baignot Edme, décédé le 2 mars 1795.
Louis Etienne, volontaire, décédé le 25 novembre 1792.
Louis Isidore, décédé le 2 mai 1795, à Vilvoorden (Belgique).

LIGNIERES

BAZARE Paul, décédé le 2 juillet 1795.
BOURGEOIS Nicolas, décédé le 12 juin 1794, à Thénailles (Aisne).
CLOCHER Georges, mort sur le champ de bataille, le 1er septembre 1794.
GOLAUDIN J.-B., mort de ses blessures le 4 septembre 1794.
JERVAY Edme, décédé le 16 juillet 1794, à Morhange.
LARIBLE Nicolas, volontaire, décédé le 22 juin 1793, à Sarrelouis.
PALVASSIER Antoine, mort sur le champ de bataille, le 17 avril 1794.
PALVASSIER Laurent, décédé le 4 mai 1794.

LIREY

BINARD J.-B., décédé le 31 juillet 1794, à Laon.

LA LOGE-POMBLIN

BOURGOIN Pierre, décédé le 16 juin 1795, à Longwy.
FLEURIOT Edme, décédé le 27 mars 1795, à Maubeuge.

LES LOGES-MARGUERON

MOREL Christophe, grenadier, décédé le 14 février 1798, à Utrecht (Hollande).

LONGEVILLE

RUINET Louis, décédé le 1er février 1794, à Nancy.

MACHY

ROYER Louis, volontaire, décédé le .. octobre 1793.

LES MAISONS

CHAMOIN Louis, décédé le 9 août 1794, à Metz.

MARAYE-EN-OTHE

CHANTECLAIR Georges, décédé le 5 octobre 1794, à Châlons-sur-Marne.
DAMET Jacques, décédé chez son père, à Maraye, le 5 août 1794.
LASNE Jacques, décédé le 14 novembre 1792.
MAILLARD Antoine, volontaire, décédé le 3 avril 1796, à Cologne.
MAILLARD Augustin, « mort d'un boulet », le 29 mai 1794.

MAROLLES-SOUS-LIGNIERES

FAGEOT Joseph, volontaire, décédé le 24 janvier 1793, à Landrecy (Nord).
FEBVRE Antoine, décédé le 20 septembre 1793, à Nancy.
LAURENT Lazare, décédé le 6 octobre 1793, à Thenaille (Aisne).

METZ-ROBERT

Castilot Charles, décédé le 25 juillet 1795, à Woelferding (Lorraine).

MONTCEAUX

Goupin Antoine, décédé le 20 juin 1793, à Bitche.

MONTFEY

Bossuat Edme, décédé le 19 juillet 1794, à Longwy.
Coquille Pierre, décédé le 6 février 1795, à Reims.
Frotté François, hussard, décédé le 7 avril 1795, à Angers.
Hugot François, décédé le 18 août 1794, à Laon.
Lagogué Eloi, décédé le 18 juin 1795, à Pont-à-Mousson.
Mathieu André, décédé le 18 avril 1794.
Tissu Edme. décédé le 12 juin 1794.

MONTIGNY

Branche Antoine, volontaire, décédé le 4 juin 1793, à l'ambulance de Ditchevilliers.
Mériot Jean, décédé le 3 mai 1794, à Rueil (Seine-et-Oise).

NEUVILLE-SUR-VANNE

Martinet Edme, infirmier, décédé le 11 avril 1795, à Cologne.

NOGENT-EN OTHE

Andin Louis, décédé le 23 juin (?).
Modier Charles, charretier des équipages militaires, décédé le 3 août 1794, à Roselgène (1).

PAISY-COSDON

Bordier Charles, volontaire, décédé le 19 mai 1795, à Avesne.
Jory Jacques, décédé le 27 mai 1794, à Reims.
Maudier Antoine, décédé le 3 avril 1794, à Compiègne.

PARGUES

Monin Pierre, décédé le 19 octobre 1793, à Langres.
Nolet Edme, décédé le 3 juin 1794.

PRASLIN

Gard Edme, décédé le 24 octobre 1794, au siège de Maestricht (Hollande).
Goupin Pierre, décédé le 20 juin 1793.
Pailevey J.-B., mort sur le champ de bataille le 20 avril 1794.

---

(1) Dénomination révolutionnaire de Saint-Avold (Moselle).

PRUSY

Hugot Nicolas, caporal, décédé le 20 décembre 1895, à Lunéville.
Mathieu Jean, volontaire, mort en décembre 1793, à Prusy. suites de ses blessures.

RACINES

Bellot Martin, décédé le 12 mai 1794, à Ourscamp (Oise).
Coquille Jean, grenadier, décédé le 27 mai 1794, à Lille.
Croiset François, décédé le 22 mars 1794, à Pont-à-Mousson.
Jacquier Nicolas, décédé le 26 janvier 1794, à Pont-à-Mousson.

RIGNY-LE-FERRON

Chalet Nicolas, décédé le 16 août 1795, à Liège.
Chevreau Antoine, décédé le 25 avril 1794, à Nantes.
Lambert Thomas, charretier, mort de ses blessures le 7 août 1796, à Luxembourg.
Leclerc Charles, volontaire, décédé le 22 décembre 1795, à Troyes.
Milian Georges, décédé le 21 août 1794, à Niort.

SAINT-BENOIT-SUR-VANNE

Bousin Alexandre, décédé le 29 mars 1794, à Besançon.
Jacot Edme, décédé le 21 février 1794, à Cologne.

SAINT-JEAN-DE-BONNEVAL

Adam Louis, décédé le 22 mars 1794.
Berques Jean, décédé le 7 février 1794, à Besançon.
Bouzelet François, décédé le 24 mars 1794, à Clermont (Oise).
Burlain Pierre, décédé le 22 mars 1794, à Toul.
François Pierre, sergent-major, décédé le 7 février 1793, à Lille.
Jacquinot Nicolas, décédé le 19 mai 1794, à Poligny (?).
Laliot Jean, décédé le 20 mai 1795, à Metz.
Mouton François, volontaire, décédé le 13 mars 1795, à Avesne.
Nicolas, décédé le 20 février 1795, à Maestricht (Hollande).

SAINT-MARDS-EN-OTHE

Arluison Charles, volontaire, décédé le 9 juin 1794, à Compiègne.
Arluison Charles, décédé le 8 juillet 1794, à Courbevoie.
Arluison François, décédé le 30 janvier 1794, à Reims.
Arluison Médard, volontaire, décédé le 22 avril 1794.
Baronne J.-B., décédé le 28 décembre 1794, à Libreville (1).

(1) Dénomination révolutionnaire de Charleville (Ardennes).

BESANÇON Georges, décédé en août 1794.
CHARRIER Nicolas, volontaire, décédé le 15 janvier 1794, à Haguenau (Bas-Rhin).
DYONNOIS Etienne, décédé le 16 juin 1794.
FINOT Jean, mort sur le champ de bataille le 27 août 1793.
FORTIER Alexis, volontaire de 18 ans, décédé le 18 décembre 1793, à Troyes.
FRIGEY François, décédé le 3 juillet 1794, à Reims.
GÉLINIER Etienne, décédé le 14 août 1793, à Troyes.
LESPAGNOL François, décédé le 4 février 1795, à Liège.
LESPAGNOL Guillaume, volontaire, décédé le 10 juillet 1794.
LESPAGNOL Médard, volontaire, décédé le 16 décembre 1792.
MARTIN François, décédé le 17 novembre 1796, à Ensesheim (Haut-Rhin).
MAURICE Charles, décédé le 23 avril 1795, à Tirlemont (Belgique).
MICHEL Edme, grenadier, décédé le 1er juin 1793.
NOEL André, « évacué par bateau de l'hôpital de Mézières à celui de Deville (Ardennes), mort en route le 8 juin 1794 ».
NOEL Médard, décédé le 9 mai 1794, à Compiègne.
NORMANT Henri, décédé le 21 avril 1794, à Guebviller (Ht-Rhin).

SAINT-PHAL

BOURECLETTE Jacques, décédé le 27 mars 1795, à Liège.
LALOT Louis, décédé le 8 avril 1795, à Bergopzoom (Hollande).
LECOUVREUR Jean, décédé le 30 juin 1794, à Meaux.
MAILLET Julien, décédé le 17 avril 1794.
MAILLOT Etienne, décédé le 5 octobre 1794, à Franciade (1).

SOMMEVAL

GAUTHIER J.-B., décédé le 21 janvier 1794.
LAGOGUEY Nicolas, décédé le 27 juillet 1794, à Mons (Belgique).

TURGY

ROYER Joseph, décédé le 10 juin 1794.

VALLIERES

CARTERON Roch, décédé le 7 mai 1794, à Soissons.
CHAGOURIN Joseph, décédé le 11 juin 1794, à Troyes.

---

(1) Dénomination révolutionnaire de Saint-Denis (Seine).

VANLAY

Fournier Baptiste, mort de ses blessures le 16 août 1794, à Rambouillet.
Fournier Toussaint, décédé le 23 avril 1794, à Reims.
Jublin Edme, décédé le 8 mai 1793, à Thionville.
Maillet Brice, décédé le 23 septembre 1793, à Soissons.
Montjardet Germain, décédé le 16 août 1795, à Rethel.
Toussaint Jory, décédé le 18 avril 1795, à Vilvoorden (Belgique).

VAUCHASSIS

Vincent Edme, mort dans un hôpital.

VILLEMAUR

Joniolle Abraham, décédé le 27 décembre 1794, à Schlestadt (Bas-Rhin).
Lécorché J.-B., décédé le 27 mars 1795, à Mons (Belgique).

VILLEMOIRON

Haragon Jacques, décédé le 24 juillet 1794, à Péronne.

VILLIERS-LE-BOIS

Virey Jacques, décédé le 17 février 1794.
Virey Vincent, décédé le 4 octobre 1794.

VOSNON

Berlot Jean, décédé le 14 juillet 1794.
Berlot Joseph, décédé le 21 juin 1795, à Liège (Belgique).
Bossuat Edme, sergent, décédé le 4 janvier 1795, à Bruxelles.
Estival Jacques, décédé le 3 février 1794, à Compiègne.
Lespagnol Henri, décédé le 5 janvier 1794, à Landau (Palatinat

VULAINES

Morillon Nicolas, décédé le 5 janvier 1794.
Nicolas André, volontaire, décédé le 15 mai 1794.

Se rattachent également au district d'Ervy, mais sans indication de leur commune d'origine :

Bigot Edme, volontaire, décédé le 5 avril 1795, à Orléans.
Boulard Simon, décédé le 15 juin 1794, à Ourscamp (Oise).
Courteaux Jean, décédé le 14 juin 1795.
Enfumé Edme, décédé le 16 décembre 1794.

En tout, 271 décès, dont 8 insuffisamment ou non datés. Le premier est celui de Pasnon Louis, de Chaource, mort le 11 mars 1792 (1).

En les dénombrant par année, on en trouve 7 pour 1792 ; 39 pour 1793 ; 136 pour 1794 ; 64 pour 1795 ; 9 pour 1796 ; 4 pour 1797 ; 2 pour 1798 et 2 pour 1799 ; plus 8 non datés. Quant à leur rapprochement précis avec les faits de guerre des périodes correspondantes, il est impossible ; toutefois, la désignation de l'année et du lieu des décès permet de faire souvent d'intéressantes remarques.

Les mentions « mort sur le champ de bataille », « mort de ses blessures », sont peu nombreuses. L'immense majorité des bulletins d'hôpitaux, où, en général, les malades mouraient quelques jours seulement après leur arrivée — souvent, le jour même ou le lendemain — indiquent, comme cause de décès : fièvre, fièvre putride, fièvre maligne, fièvre bilieuse, phtisie pulmonaire, *marasme*, *nostalgie*.

Les âges sont bien variables : dans le même village, il y a le volontaire de 16 ans et le grognard de 40 à 50. Le premier est mort *fusilier* à l'armée de Sambre-et-Meuse, le deuxième, plus heureux, s'est tiré d'affaire en Belgique, en Argonne, mais il a trouvé la mort un peu plus tard, sur un autre front ; c'est le cas de Jorry Claude, de Chamoy, dont l'acte de décès porte cette glorieuse indication : Jorry Claude, fusilier, blessé à l'affaire de Castelfort, le 5 germinal an VII (4 avril 1799), mort à l'hôpital de Capoue, par suite de ses blessures, le 15 germinal an VII. A fait les campagnes de la Liberté des ans II, III et IV, à l'armée de Sambre-et-Meuse ; V, VI et VII, à l'armée d'Italie, de Rome et de Naples.

A Chamoy, le nom de Jorry rappelle encore celui du volontaire Claude-Clément, mort à l'armée du Nord, et celui de Jean-Paul, mort sur le champ de bataille.

---

(1) Cette date peut paraître suspecte. Avec qui étions-nous en guerre en mars 1792 ? Louis XVI rédigea seulement au début d'avril sa *Proposition formelle de guerre* avec la Bohême et la Hongrie, dont les gouvernements n'avaient cessé, au mépris des traités, d'accorder une protection ouverte aux Français rebelles ; le 20, Condorcet fit, devant l'Assemblée nationale, l'exposé des motifs de cette déclaration, et, du 20 avril, date de la déclaration de guerre, au 2 mai, Lafayette et Dumouriez commencèrent l'attaque des possessions autrichiennes en Belgique.

La mort de Pasnon, survenue antérieurement à ces faits et dans un hôpital à proximité du théâtre de la guerre, peut vraisemblablement résulter d'une opération qui aurait précédé l'action directe contre l'Autriche.

On peut citer de même les Lespagnol, les Arluison, dont trois frères, de Saint-Mards ; les Nodin, de Chaource,... et tous les autres, connus et inconnus, tombés sans retour, loin du toit paternel.

Qu'a-t-on fait, depuis, pour fixer au milieu des cités le souvenir des premiers défenseurs de notre liberté et de nos frontières menacées ? On formula de beaux projets dans un moment d'enthousiasme éphémère, mais peu d'édifices durables furent élevés en l'honneur des Poilus de la Première République, peu de noms sont inscrits à l'angle de l'avenue ou du boulevard où s'empresse la foule distraite et indifférente *parce que encore insuffisamment instruite de son passé.*

Couverts de la même gloire, les volontaires de Valmy, les grognards de Capoue et de Naples tendent une main fraternelle, également victorieuse, aux poilus de Morhange et de Louvain, où ils les précédèrent. Tous, du même pas et dans les mêmes sentiers, ont affronté la mort pour la même cause, et l'Histoire réclame pour Eux un éternel Souvenez-vous, non seulement par les livres silencieux et... délaissés, mais par les manifestations vivantes de la reconnaissance et des cérémonies nationales.

Les listes que nous avons publiées trouveront sans doute, en plusieurs endroits, un écho au sein de quelques familles où le nom des premiers poilus s'est transmis jusqu'à ce jour par une descendance heureuse et qui peut en être fière. Heureux nous serons nous-même, si nous avons pu réveiller un souvenir, provoquer le rapprochement d'une parenté avec ceux qui, partis de leurs humbles villages, devinrent les héros de nos grandes épopées.

NOTA. — Le lecteur a certainement remarqué que pas un seul nom d'officier ne figure dans notre liste. Nous n'en avons trouvé aucun. Il est hors de doute que les dossiers des officiers décédés ont pris une autre destination, celle des Archives du Ministère de la Guerre, où des renseignements seront demandés pour rédiger, *si possible*, une notice à leur intention.

www.ingramcontent.com/pod-product-compliance
Lightning Source LLC
LaVergne TN
LVHW052041160826
845678LV00003B/1466

* 9 7 8 2 3 2 9 6 1 8 9 9 9 *